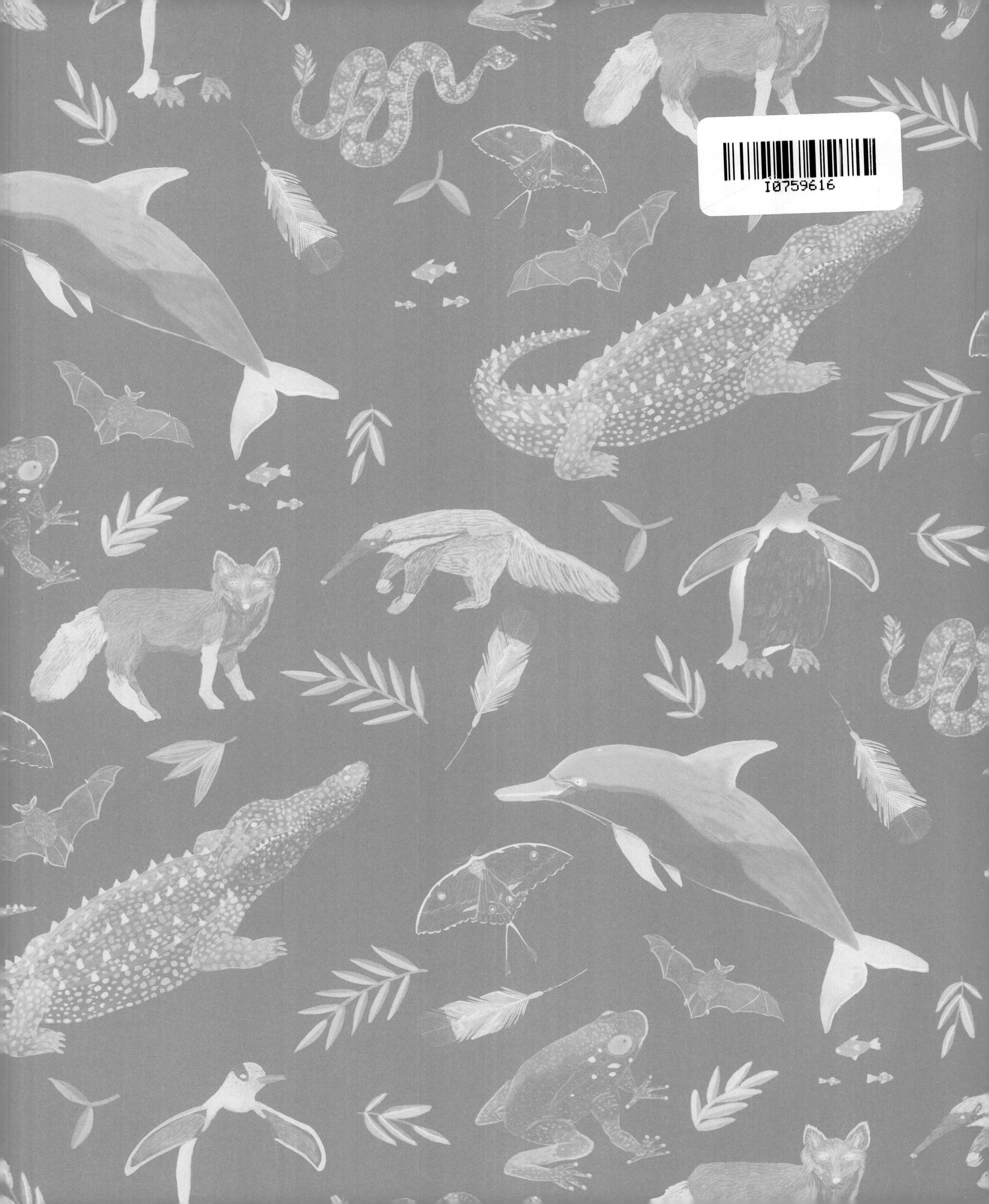
I0759616

fauna

Textos de
Jack Ashby

Ilustraciones de
Sara Boccaccini Meadows

Soy muy afortunado: trabajo en un museo de historia natural donde hay millones de especímenes de animales de todo el mundo. Los museos nos permiten detectar similitudes y diferencias entre las especies, lo cual nos explica cómo están emparentadas entre sí y por qué el modo en que están formadas es el ideal para vivir sus vidas.

Una de las cosas que me fascinan es ver animales con un aspecto muy similar a pesar de no estar emparentados. Me parece alucinante, por ejemplo, que en Australia evolucionara un depredador con un aspecto casi idéntico al de un lobo rojo, aunque no sea miembro de la familia de los lobos. Se llama tilacino y es un marsupial, emparentado con los koalas y los canguros.

Los tilacinos y los lobos se parecen porque hacen lo mismo en sus respectivos hábitats, y por eso desarrollaron las mismas adaptaciones, por separado, en lados opuestos del mundo. Este libro explora otros ejemplos de animales que tuvieron la misma adaptación aunque pertenecen a familias diferentes.

Cada capítulo examina una adaptación distinta y muestra cómo las similitudes pueden aparecer una y otra vez en diferentes familias de vertebrados (animales con columna vertebral: aves, mamíferos, peces, anfibios y reptiles). Estos casos en que diferentes animales desarrollan la misma adaptación para hacer el mismo trabajo son ejemplos de lo que se llama evolución convergente.

Espero que este libro te anime a observar la naturaleza con detenimiento y a descubrir otros ejemplos y tipologías en especies que, aun siendo diferentes en muchos aspectos, tienen algo importante en común.

—J.A.

CONTENIDOS

EL HÉROE de las ESPINAS:

el EQUIDNA DE HOCICO LARGO ORIENTAL

Los animales pueden tener el cuerpo cubierto de pelo, escamas, plumas, piel lisa… Algunos han modificado su cobertura para formar púas defensivas, y los equidnas de hocico largo están entre las criaturas espinosas más grandes.

EQUIDNA DE HOCICO LARGO ORIENTAL *ZAGLOSSUS BARTONI*

Si bien algunos alimentos crujientes pueden ser deliciosos para comer, tener objetos puntiagudos en la boca es una sensación horrible y dolorosa. Muchos animales (y plantas) han desarrollado espinas como una excelente defensa contra los depredadores.

¿DÓNDE VIVEN?

Los equidnas de hocico largo viven en las montañas y los pastizales de Nueva Guinea.

Están en peligro crítico de extinción y son difíciles de localizar. Sus primos, los equidnas de hocico corto, son mucho más fáciles de encontrar. Son los mamíferos más comunes en Australia, donde pueden ser vistos de día y de noche en todos los hábitats terrestres, cazando hormigas.

Los equidnas y sus parientes, los ornitorrincos, son los únicos mamíferos que **ponen huevos**. Cuando nacen, los bebés equidnas se llaman ***puggles*** y se protegen en el marsupio de su madre.

Los equidnas de hocico largo comen principalmente lombrices de tierra. Tienen **espinas en la lengua** para agarrar mejor a los retorcidos gusanos que arrastran hacia sus bocas.

Hocicos que detectan electricidad

Los equidnas pueden detectar electricidad con sus **hocicos desdentados** para encontrar a sus presas. Los músculos de todos los animales producen señales eléctricas que los equidnas pueden sentir en el suelo húmedo.

EL PROBLEMA DE LAS ESPINAS

Los erizos espinosos son famosos por estar llenos de pulgas. Los animales espinosos pueden tener problemas para limpiarse, ya que sus púas actúan tan bien contra sus propios pies y caras como contra los depredadores. Pero los equidnas han resuelto este problema: en las patas posteriores tienen unas largas garras que apuntan hacia atrás y son muy flexibles, lo que les permite alcanzar todas las partes de su cuerpo y rascarse de manera segura entre las espinas.

TODO SOBRE LAS ESPINAS

Todos los animales necesitan protección contra los depredadores, lo cual ha dado lugar a la evolución de numerosas adaptaciones para defenderse: el camuflaje, la armadura, el veneno, las sustancias tóxicas, el mal sabor o simplemente un gran tamaño. Las espinas han evolucionado como defensa en muchas familias de animales, tras modificar el pelo, las escamas, la piel... e incluso los huesos.

ERIZO EUROPEO OCCIDENTAL
Los erizos tienen una capa de **músculo** debajo de la piel que les permite enrollarse en una bola espinosa.

TENREC ERIZO MENOR
Aunque estos mamíferos de Madagascar se parecen mucho a los erizos, en realidad están más emparentados con los **elefantes**.

GALLIPATO
Si los atacan, estos anfibios de piel suave generan espinas empujando las **costillas puntiagudas** y cargadas de veneno a través de su propia piel.

CURIOSIDADES DEL MUNDO

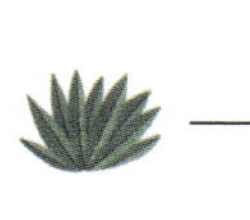

El nombre científico del diablo espinoso es ***Moloch***, que hace referencia a una temida deidad cananea con cuernos mencionada en la Biblia.

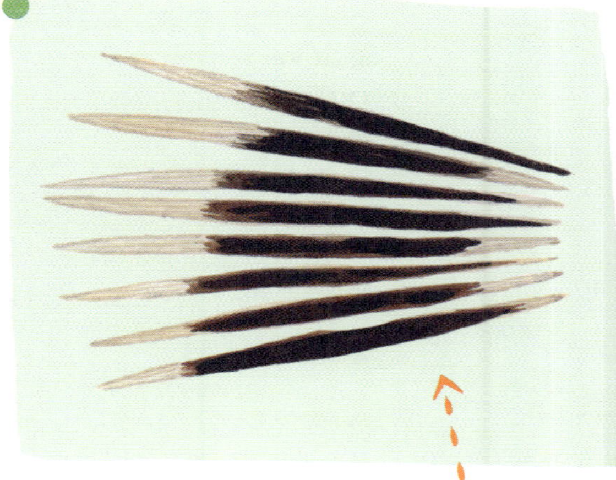

Según la tradición anishinaabe, los puercoespines de la región de los Grandes Lagos de América del Norte obtuvieron sus ***pinchos*** cuando les pegaron a la espalda con arcilla unas púas de espino como protección contra osos y lobos.

PEZ PUERCOESPÍN MOTEADO

Cuando se sienten amenazados, los peces puercoespín **se inflan** con aire o agua, y se les erizan las espinas (escamas modificadas).

DIABLO ESPINOSO

Las escamas de estos lagartos australianos se asemejan a las **espinas** y actúan como camuflaje y defensa. También pueden cambiar de color para mimetizarse con el fondo.

ADAPTACIÓN

PÚAS DESPRENDIBLES

El ursón puede tener decenas de miles de púas, que son extremadamente afiladas y pueden desprenderse para quedarse incrustadas en el depredador. Esto es posible porque cada púa está cubierta de diminutos **pelos dirigidos hacia atrás** que se adhieren a la piel del atacante, por lo que son difíciles y dolorosas de retirar.

Según varios relatos de los primeros aborígenes australianos, las espinas del equidna se originaron cuando su antepasado fue atacado, y su espalda fue **perforada** por muchas lanzas.

En Kiribati, una isla del Pacífico, los guerreros fabricaban cascos intimidatorios como parte de su armadura usando pieles infladas de **pez puercoespín moteado**, al que se referían como *te barantauti*.

EL HÉROE de los DIENTES INFINITOS:

el GRAN TIBURÓN BLANCO

Los dientes dañados causan todo tipo de problemas, por lo que -a diferencia de los humanos- la mayoría de los animales dentados se valen de diferentes tácticas para reemplazarlos continuamente. Algunos tiburones pueden tener decenas de miles de dientes a lo largo de sus vidas.

GRAN TIBURÓN BLANCO
CARCHARODON CARCHARIAS

Si un animal perdiera todos los dientes, no podría comer. Cuando los tiburones pierden un diente -lo que puede ocurrir cada pocas semanas-, es reemplazado por otro que tienen detrás. ¡Imagina no tener nunca dolor de muelas!

¿DÓNDE VIVEN?

Los grandes tiburones blancos son los peces depredadores vivos más grandes.

Se pueden encontrar casi en cualquier lugar donde el mar no esté demasiado frío (aunque actualmente no es posible hallarlos cerca de Gran Bretaña, esto podría variar con el cambio climático). Las mayores poblaciones viven en las costas de Estados Unidos, Japón, Australia, Nueva Zelanda, Sudamérica, África y el Mediterráneo.

Las mandíbulas de los grandes tiburones blancos tienen alrededor de 50 dientes en uso al mismo tiempo, pero detrás de estos hay más **filas de dientes**, esperando a que caigan los de delante. Nunca dejan de producir nuevos dientes.

Muchas filas de dientes

Los dientes de los grandes tiburones blancos son **triangulares**, y cada lado parece una pequeña sierra. Los dientes inferiores son más estrechos, lo que les permite sujetar a sus presas.

EL PROBLEMA CON NUESTROS DIENTES

A diferencia de los tiburones, casi todos los mamíferos (incluidos los humanos) solo tienen un juego de dientes de leche y otro de dientes permanentes. Esto se debe a que nuestros dientes son demasiado complejos para ser reemplazados: los relieves y hendiduras de las piezas superiores e inferiores deben encajar perfectamente para poder cortar, triturar y moler al mismo tiempo. Si perdemos un diente adulto, es para siempre.

Cuando los grandes tiburones blancos muerden a un animal grande, como una foca, una ballena u otro tiburón, sacuden la cabeza de lado a lado para **serrar** a trozos su carne.

TODO SOBRE LOS DIENTES INFINITOS

Las aves y las tortugas no tienen dientes, por lo que no les ocasionan problemas, pero otros vertebrados han desarrollado diferentes maneras de reemplazar los que pierden. Algunos mamíferos han cambiado la forma en que les crecen los dientes para hacer que duren más tiempo. Los dientes humanos son inusuales porque están firmemente sujetos a los huesos de la mandíbula.

WÓMBAT COMÚN

Los dientes de estos marsupiales nunca dejan de **crecer**. A medida que las plantas duras que comen desgastan la superficie, el diente crece un poco más.

COCODRILO DEL NILO

En los cocodrilos, los **dientes de reemplazo** crecen dentro del diente que está sobre ellos. Cuando uno se cae, ya hay otro debajo listo para sustituirlo.

VÍBORA DEL GABÓN

Con el tiempo, el interior del diente de una serpiente se desgasta, lo que hace que los más viejos se debiliten y **caigan**, dejando espacio para dientes nuevos.

ELEFANTE AFRICANO DE LA SABANA

En la dentadura adulta, los elefantes tienen **seis** dientes molares a cada lado de las mandíbulas. Sin embargo, aparece solo uno a la vez, lo que hace que duren más tiempo.

NABARLEK

Estos pequeños macrópodos de roca son extremadamente inusuales entre los mamíferos: tienen un número **ilimitado** de dientes que reemplazan continuamente, como los tiburones.

ADAPTACIÓN

MORDEDURA DE METAL

Los dientes frontales de los mamíferos se llaman incisivos y se usan principalmente para cortar. Los roedores, como los ratones, las ardillas, los castores y la rata marrón de la imagen, tienen incisivos que nunca dejan de crecer y se afilan solos. La capa frontal de los incisivos de los roedores puede contener **hierro**, lo que la hace más dura que la posterior. Cada vez que muerden, la parte trasera se desgasta más rápido que la delantera, creando así una cuchilla muy afilada.

CURIOSIDADES DEL MUNDO

Las armas tradicionales **hawaianas** llamadas leiomanos incluyen pequeños puñales y grandes garrotes provistos de cuchillas hechos con dientes de tiburón fijados a mangos de madera.

Colmillo tallado de elefante

Los colmillos de los elefantes, hechos de marfil, son incisivos que no dejan de crecer. Lamentablemente, el comercio de marfil ha provocado que los elefantes estén en **peligro de extinción** debido a la caza ilegal.

Debido a que son tan afilados, los incisivos de los roedores han sido utilizados como **herramientas de corte** en todo el mundo. Por ejemplo, en Canadá los iroqueses usaban dientes de castor para tallar madera.

Herramienta de talla con dientes de castor

Históricamente, en **Filipinas**, los jefes guerreros llevaban collares hechos con dientes de cocodrilo como símbolos de poder.

EL HÉROE del PLANEO:

el PETAURO GIGANTE

El vuelo con aleteo solo ha evolucionado tres veces en los vertebrados (en aves, murciélagos y pterosaurios, reptiles voladores de la era de los dinosaurios). Sin embargo, el planeo, en el que se utilizan partes del cuerpo como paracaídas, ha evolucionado muchas veces.

PETAURO GIGANTE
PETAUROIDES VOLANS

Volar batiendo las alas requiere mucha energía, pero deslizarse por el aire con un solo salto es mucho más fácil. Los petauros gigantes son unos mamíferos trepadores que pueden saltar enormes distancias de árbol en árbol para escapar de los depredadores o buscar alimento.

¿DÓNDE VIVEN?

Los petauros gigantes son un tipo de zarigüeya que se encuentra en el este de Australia.

Prefieren los bosques montañosos, donde hay muchos eucaliptos grandes, ya que viven en los huecos de los troncos, que solo aparecen en los árboles más viejos. Para proteger esta especie conviene detener la tala de árboles y prevenir los incendios forestales.

Los petauros gigantes tienen un **paracaídas de piel** entre las patas delanteras y las traseras que termina en los codos. Para planear, doblan las manos debajo de la barbilla, con los codos hacia afuera.

Estos marsupiales tienen el tamaño de un gato, pero pesan mucho menos. Pueden planear una increíble distancia de **100 metros** entre árboles sin necesidad de aletear.

Un paracaídas entre las patas delanteras y las traseras

ZARIGÜEYAS CON SOLUCIONES

Las zarigüeyas son marsupiales trepadores (una familia que también incluye los canguros y los koalas). Además de los grandes planeadores, otros tipos de zarigüeyas también han desarrollado adaptaciones para planear. Así, los petauros del azúcar se transforman en cuadrados planos cuando planean: sus paracaídas de piel conectan los tobillos con las puntas de los dedos; y los diminutos pósums pigmeos acróbatas usan un reborde de pelos largos a lo largo de cada lado de la cola.

Cola extralarga para la trayectoria

Su enorme y **esponjosa cola** —más larga que el cuerpo— los mantiene estables y les permite maniobrar en el aire; incluso pueden doblar esquinas mientras planean.

TODO SOBRE EL PLANEO

Las adaptaciones más comunes para planear implican el estiramiento de una membrana de piel entre diferentes partes del cuerpo, pero algunas especies lo hacen de manera diferente, aplanando todo el cuerpo. Todas ellas han evolucionado para atrapar el aire mientras caen, formando un paracaídas que desacelera su descenso y les permite desplazarse hacia adelante en largas distancias.

ARDILLA VOLADORA GIGANTE ROJA

El **paracaídas** de las ardillas voladoras se extiende entre las muñecas y los tobillos. Tienen una estructura adicional en las muñecas que les ayuda a controlar su forma.

RANA VOLADORA DE WALLACE

Las ranas voladoras tienen **dedos con membranas** extremadamente largas que actúan como cuatro paracaídas mientras saltan.

ADAPTACIÓN

UN GRAN PARACAÍDAS

Los **lémures voladores**, también conocidos como colugos, incluyen más partes del cuerpo en su paracaídas que otros mamíferos planeadores. Tienen piel estirada entre las patas delanteras y las traseras, desde la punta del último dedo delantero hasta la punta del primer dedo del pie, entre las patas delanteras y el cuello, entre las traseras y la cola, y también tienen las manos y los pies palmeados.

CURIOSIDADES DEL MUNDO

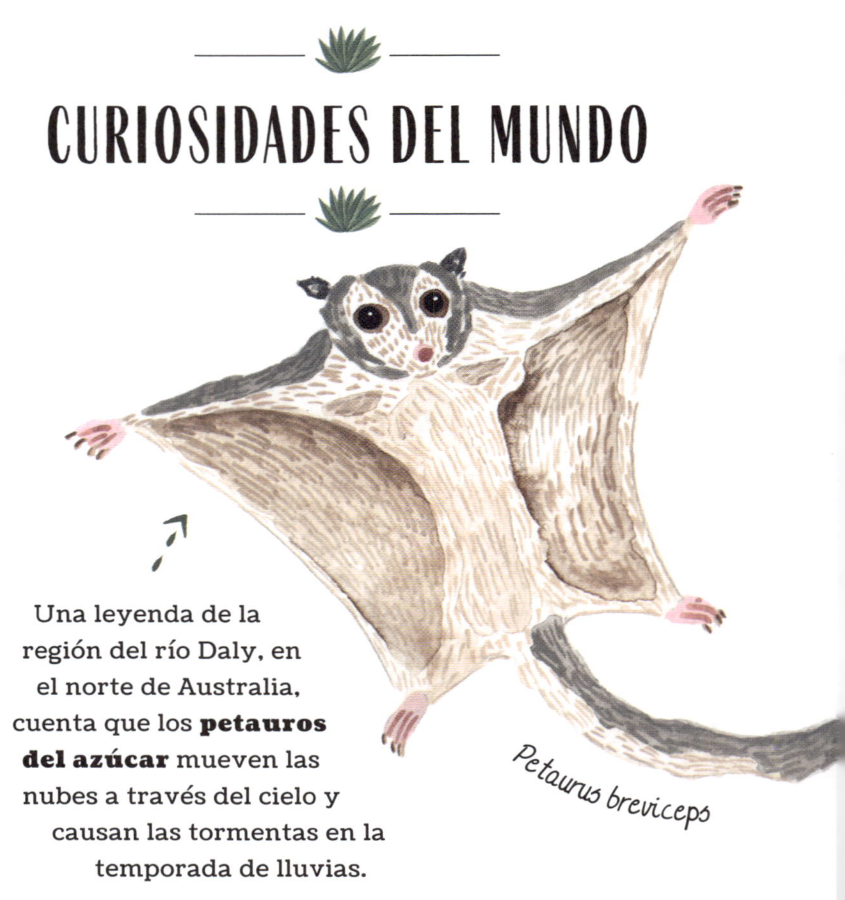

Una leyenda de la región del río Daly, en el norte de Australia, cuenta que los **petauros del azúcar** mueven las nubes a través del cielo y causan las tormentas en la temporada de lluvias.

DRAGÓN VOLADOR

Estos lagartos asiáticos tienen unas **costillas** extremadamente largas que pueden extenderse para formar unas «alas» de planeo.

Draco volans

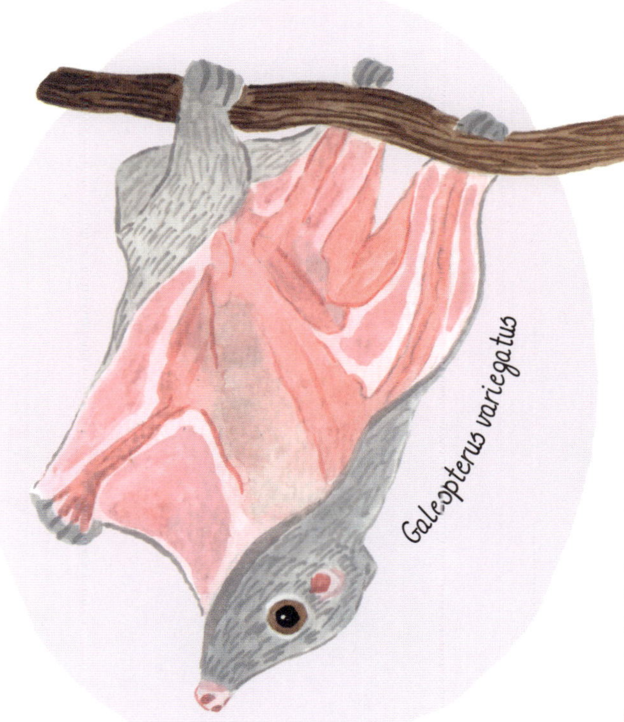

SERPIENTE VOLADORA DEL PARAÍSO

Las serpientes voladoras encogen el vientre y empujan las costillas hacia afuera para **aplanarse**, y mueven el cuerpo en ondas para deslizarse por el aire.

LÉMUR VOLADOR DE SUNDA

Los lémures voladores no son verdaderos lémures ni pueden volar realmente, pero sí **planear**. No son primates propiamente dichos, aunque están estrechamente relacionados con ellos.

En la mitología china, las criaturas planeadoras llamadas **fengli** podrían estar basadas en los lémures voladores. Se dice que los fengli llevan una varita que detiene a otros animales en sus carreras o vuelos.

Una especie de ardilla voladora, la ardilla voladora siberiana, vive en el noreste de Europa. Según una leyenda finlandesa, su cuerpo contiene una fuerza mágica conocida como **väki**.

En el folclore japonés, una criatura peligrosa llamada **nobusuma**, similar a una ardilla voladora, puede drenar la vida de sus víctimas.

LA HEROÍNA del VENENO:
la TAIPÁN DEL INTERIOR
Cuando el tamaño o la fuerza no son tus mejores armas, inyectar veneno en tu presa o en tus enemigos puede ser la táctica letal definitiva, tanto para el ataque como para la defensa.

TAIPÁN DEL INTERIOR
OXYURANUS MICROLEPIDOTUS

Producir veneno para matar o debilitar a otros animales es una poderosa adaptación: puede impedir que ataquen o se defiendan. La taipán del interior tiene el veneno más potente de todos los reptiles, y lo usa principalmente para cazar mamíferos.

¿DÓNDE VIVEN?

La taipán del interior se encuentra en los desiertos del este de la parte central de Australia, donde hace mucho calor en verano pero los inviernos son más frescos.

Para sobrevivir, estas serpientes cambian de color según la estación: los colores oscuros absorben más calor, por lo que en invierno son más oscuras.

Estas serpientes crecen sumamente rápido: aumentan más de 5 centímetros al mes. De adultas, pueden alcanzar más de **1,8 metros de largo**.

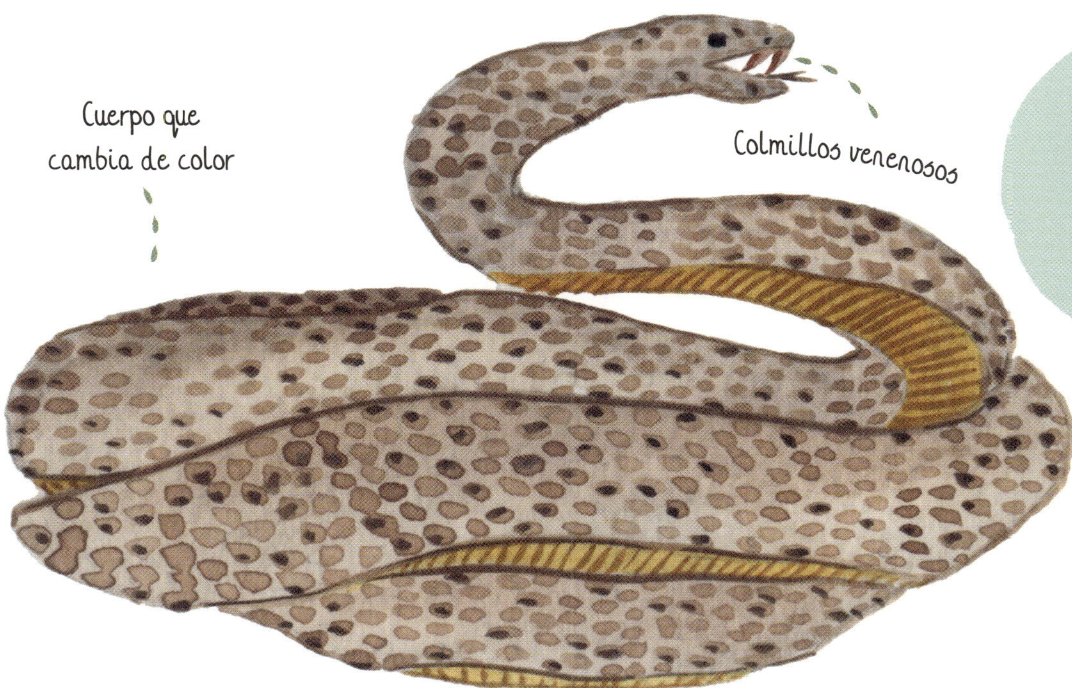

Una sola mordedura de una taipán del interior puede inyectar suficiente veneno como para matar a más de **100 000 ratones**, lo que la convierte en la especie más letal.

Ser grande y tener un **veneno poderoso** es útil para cazar roedores más grandes, como el ratón de pelo largo, que tiene unos dientes fuertes y afilados para defenderse.

¿VENENOSA O PELIGROSA?

Ser la serpiente más venenosa no convierte a nuestra heroína en la más peligrosa. La taipán del interior no es en absoluto agresiva, sino que se trata de una especie tímida y tranquila. Sin embargo, no te arriesgues: aunque prefieren esconderse cuando se sienten amenazadas, usarán su veneno si no pueden escapar fácilmente.

TODO SOBRE EL VENENO

No todos los venenos son iguales. Algunos se inyectan en la piel con algo afilado, como dientes, espinas o aguijones, mientras que otros se ingieren. Pero todos ellos causan dolor o interrumpen el funcionamiento normal del cuerpo de la víctima. No se conocen aves venenosas, pero muchos otros animales tienen adaptaciones para inyectar veneno.

Nycticebus coucang

LORIS DE LA SONDA

Estos primates asiáticos producen un poco de veneno en la boca, pero también generan otra **toxina** en los brazos que lamen antes de morder a sus rivales.

MONSTRUO DE GILA

No hay muchos lagartos venenosos. Esta especie de América del Norte tiene los dientes **ranurados** para inyectar su veneno, que usa principalmente para defenderse.

Heloderma suspectum

Nyctimantis brunoi

RANA DE BRUNO

Muchas ranas son venenosas si los depredadores las devoran, pero esta especie brasileña puede atacar: tiene pequeñas espinas en la **cabeza** para inyectar veneno.

Pterois miles

PEZ FUEGO DIABLO

También conocido como pez león soldado, esta colorida especie se defiende de los depredadores utilizando el veneno que tiene en las espinas de las **aletas**.

Ornithorhynchus anatinus

ORNITORRINCO

Solo los machos son venenosos. Tienen espolones gruesos con forma de cuerno en los **tobillos**, que usan para pelear entre ellos por las hembras.

ADAPTACIÓN

COLMILLOS PLEGABLES

Los colmillos de las serpientes son increíbles. Muchas especies, como el crótalo adamantino, tienen unos dientes delanteros demasiado largos para caber en la boca. Por eso se pliegan bien planos sobre la lengua cuando cierran la boca y se despliegan hacia adelante al abrirla. Los colmillos son **tubos huecos**, como agujas médicas, para inyectar veneno.

CURIOSIDADES DEL MUNDO

Según una leyenda de los indígenas australianos del norte de Nueva Gales del Sur sobre la creación, el ornitorrinco es el hijo de un pato llamado **Gaygar** y de una rata de agua llamada **Bigoon**. Los espolones venenosos del ornitorrinco representan el arpón afilado de Bigoon.

Las cobras venenosas indias se vinculan a menudo a los dioses **hindúes** y se las representa enrolladas alrededor de la cintura de Ganesha o del cuello de Shiva, o sosteniendo a Vishnu mientras descansa.

En algunas regiones de Indonesia se cree que los loris de la Sonda traen **mala suerte** y no hay que molestarlos.

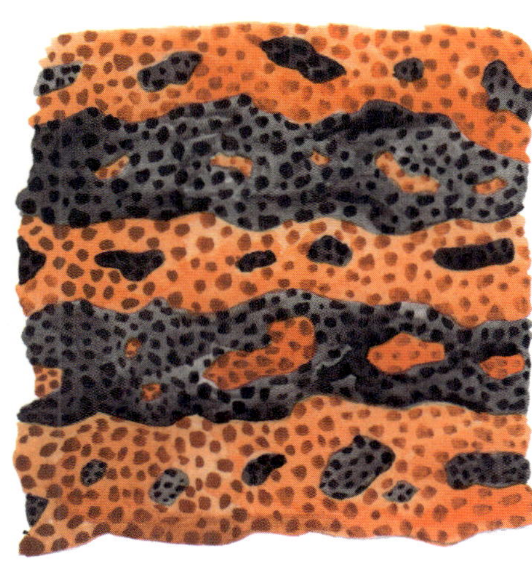

Entre los pueblos nativos americanos, una creencia apache dice que el **aliento** del monstruo de Gila es mortal, mientras que los indios yaquis creen que su **piel** tiene poderes curativos.

LA HEROÍNA de los COLORES DE ADVERTENCIA:

la RANA DARDO DORADA

Cuando un animal es tóxico, un luchador peligroso o tiene un sabor terrible, procura hacérselo saber a los depredadores antes de que lo ataquen. Los colores brillantes pueden ser una señal de advertencia para otros animales.

RANA DARDO DORADA
PHYLLOBATES TERRIBILIS

Muchos animales intentan esconderse de los depredadores y enemigos, pero ¿alguna vez te has preguntado por qué algunas especies tienen colores o manchas que las hacen destacar? Esto puede ser una táctica para avisar a otros animales de que quizá atacarlos no sea una buena idea.

¿DÓNDE VIVEN?

Las ranas dardo doradas son una especie en peligro de extinción que se encuentra en el suelo de la selva amazónica colombiana.

Su color amarillo dorado brillante hace que sean fáciles de detectar entre las hojas marrón oscuro donde viven. Esto es una señal de advertencia para los depredadores: «No me comas: soy la rana más venenosa del mundo».

Piel de color amarillo dorado brillante

La piel de las ranas dardo doradas segrega un veneno mortal que, si se ingiere, hace que los **músculos** de los depredadores dejen de funcionar, incluido el corazón.

Las doradas son una de las especies de **ranas dardo venenosas**. Otras tienen colores de advertencia azules, naranjas, verdes o negro y amarillo, como una avispa.

Cuerpo cubierto de glándulas venenosas

IMITADORES

La mayoría de los animales con colores de advertencia tienen alguna forma de defensa que puede hacer que los depredadores decidan no atacar. Sin embargo, muchos animales inofensivos han desarrollado colores similares. Se trata de un truco para hacer que posibles atacantes piensen que ellos también son peligrosos. Por ejemplo, las corales ratoneras —que son inofensivas— tienen colores similares a los de las venenosas serpientes de coral.

Las hembras ponen sus **huevos** en tierra. Los machos los llevan en la espalda hasta que los sueltan en el agua, donde los renacuajos se desarrollan hasta convertirse en ranitas.

TODO SOBRE LOS COLORES DE ADVERTENCIA

La mejor forma de defenderse es evitar un ataque antes de que ocurra, ya que, aunque seas el animal más venenoso del mundo, probablemente si un depredador te muerde te causará una herida. Por eso, muchos animales con fuertes defensas han evolucionado para tener colores de advertencia que disuadan a los atacantes.

MOFETA RAYADA

La defensa no siempre consiste en veneno o toxinas. El color blanco y negro de las mofetas advierte a los depredadores de que los puede rociar con una secreción de **olor repugnante** con sus glándulas anales.

Mephitis mephitis

PITOHUÍ BICOLOR

Este pájaro de color naranja y negro, que vive en los bosques de Nueva Guinea, tiene **toxinas** en la piel y las plumas.

Pitohui dichrous

ADAPTACIÓN

Lophiomys imhausi

APROPIÁNDOSE DEL VENENO

Algunas especies producen su propio veneno o toxinas, mientras que otras lo obtienen de su comida. Los hámsteres de Imhaus mastican la corteza del arbusto *Acokanthera schimperi* y luego se cubren con su **saliva**, que contiene las toxinas de la planta. Tienen el pelo esponjoso para absorber el veneno.

CURIOSIDADES DEL MUNDO

El veneno de las ranas dardo doradas es tan potente que los nativos lo utilizan para **cazar**.

HÁMSTER DE IMHAUS

Estos roedores africanos tienen unas franjas negras, blancas y naranjas, que advierten a los depredadores de que son **venenosos**.

Taeniura lymma

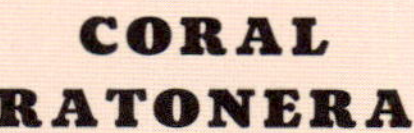

CORAL RATONERA

Estas serpientes advierten a los depredadores de que son **venenosas** mediante sus brillantes franjas negras, amarillas y rojas.

RAYA DE ARRECIFE

Esta mantarraya tiene unas manchas azules brillantes y dos espinas en la larga cola que pueden **inyectar veneno**.

Los indígenas emberá de Colombia capturan las ranas para frotar sus **dardos** contra la piel de estas.

Aunque existen muchas especies llamadas «ranas dardo venenosas», solo **tres** se utilizan para fabricar dardos.

Una vez cubiertos de veneno mortal, los dardos se disparan **soplándolos** a través de un tubo.

EL HÉROE de ACECHAR EN EL AGUA:

el CAIMÁN DEL MISSISSIPPI

Como muchos animales que pasan largo tiempo en el agua, los caimanes se han adaptado para ver por encima del agua y respirar aire mientras sus cuerpos siguen ocultos bajo la superficie.

CAIMÁN DEL MISSISSIPPI
ALLIGATOR MISSISSIPPIENSIS

Cuando los humanos nadamos, tenemos que esforzarnos mucho y sacar la boca, la nariz y los ojos del agua para respirar y ver. Con el fin de solucionar estos problemas, los ojos y la nariz de muchos animales acuáticos se han desplazado hacia la parte superior de la cabeza.

¿DÓNDE VIVEN?

Los caimanes del Mississippi viven en pantanos, lagos y ríos del sudeste de Estados Unidos.

Aunque los caimanes y los cocodrilos suelen preferir el calor, algunos lugares en los que viven los caimanes del Mississippi son fríos en invierno. Incluso si el agua comienza a congelarse, permanecen bajo la superficie y solo sobresale del hielo la nariz para poder seguir respirando.

Los dientes de los caimanes son buenos para atrapar presas, pero no para masticar, por lo que tragan **piedras** que les ayudan a triturar su comida.

El rugido de los caimanes suena como un **ronquido grave**. Si lo emiten con el cuerpo justo bajo la superficie, la vibración hace que el agua tiemble sobre ellos.

Su dorso rugoso imita las ondulaciones del agua.

Los caimanes pueden permanecer bajo el agua con solo la nariz y los ojos sobresaliendo por encima de la superficie.

Las hembras de caimán son **buenas madres**: hacen un cálido nido con plantas en descomposición donde depositan los huevos, y cuidan de sus crías una vez que nacen.

UN TRAGO PELIGROSO

La cabeza de los caimanes es bastante plana, pero los ojos y la nariz están ligeramente elevados, de modo que quedan sobre la superficie mientras el cuerpo permanece oculto bajo el agua oscura. Cuando un animal se acerca a beber sin detectar al gran depredador, este puede saltar sobre él y atraparlo.

TODO SOBRE ACECHAR EN EL AGUA

Los mamíferos, los reptiles, las aves y la mayoría de los anfibios necesitan respirar aire. Por eso, si pasan tiempo nadando –ya sea para acechar a sus presas o esconderse de los depredadores– deben mantener parte de la cabeza fuera del agua. Tener los ojos y la nariz en lo alto de la cabeza les facilita mucho la vida.

ANACONDA VERDE

La serpiente más grande del mundo vive en los pantanos y ríos de Sudamérica. Al igual que los caimanes, caza aves, reptiles y mamíferos mientras mantiene el cuerpo **bajo el agua**.

HIPOPÓTAMO

Los hipopótamos comen hierba por la **noche**, pero pasan la mayor parte del día en el agua, con los ojos, la nariz y los oídos sobresaliendo de la superficie.

Hippopotamus amphibius

ANABLEPS

Aunque no respiran aire, estos peces cazan insectos en la **superficie**. Cada ojo está dividido en dos partes: una mitad mira bajo el agua y la otra hacia arriba.

CURIOSIDADES DEL MUNDO

Una leyenda amazónica cuenta que la **anaconda** se formó a partir de un hombre y una mujer acostados en una hamaca mientras se producía una gran inundación.

Los **caimanes chinos** podrían ser el origen del dragón en la cultura china.

CASTOR COMÚN

Los castores construyen diques para crear los estanques donde viven. Tienen la nariz y los ojos más arriba que otros roedores como adaptación para **nadar**.

RANA DE UÑAS AFRICANA

Estos anfibios suelen flotar dejando solo los ojos y las fosas nasales fuera del agua. No tienen lengua, por lo que empujan la comida hacia la boca usando las **patas delanteras**.

ADAPTACIÓN

POSICIÓN DE LA NARIZ

Podemos aprender mucho sobre la vida de un animal observando algunas características de su cráneo. Los dientes afilados pueden indicar que comía carne, y unas cavidades oculares muy grandes pueden significar que veía en la oscuridad. Si alguna vez ves un cráneo con los ojos y la **nariz en la parte superior**, el animal del que proviene probablemente era un nadador.

Según una leyenda del pueblo haida de Canadá, el primer **castor** fue una mujer a la que le encantaba nadar, por lo que construyó diques para crear estanques.

Taueret es una diosa del Antiguo Egipto que era parte **hipopótamo**, parte **cocodrilo** y parte **león**. Era la protectora de las madres y los bebés.

EL HÉROE de los CUERNOS Y LAS ASTAS:

el ALCE

Muchos animales que necesitan luchar por las parejas o los territorios, o protegerse de los depredadores, han desarrollado armas. Así, en muchas familias diferentes han aparecido impresionantes cuernos y astas.

ALCE
ALCES ALCES

Tener armas en la cabeza significa que pueden usar toda su fuerza para empujarlas. Muchos animales tienen cuernos, pero solo los ciervos tienen astas. Las astas están hechas de hueso, tienen ramas y vuelven a crecer cada año. Los alces son los ciervos más grandes.

¿DÓNDE VIVEN?

Los alces viven en los bosques del norte de Europa, Asia y América del Norte, donde se alimentan de árboles y arbustos.

El uapití o ciervo canadiense, muy similar al alce y casi tan grande como él, es de un color algo más claro, y los machos tienen una «melena» en el cuello. Son animales distintos y no hay que confundirlos.

Las astas de los alces están entre las armas más **grandes** del reino animal: pesan alrededor de 35 kilogramos, lo cual ¡es como si les creciera un niño de diez años en la cabeza... cada año!

Los alces también utilizan sus astas para **defenderse** de animales como osos, lobos, tigres y pumas, aunque estos depredadores suelen cazar alces jóvenes que no tienen astas.

ASTAS ANUALES

Los ciervos macho desarrollan astas cada año para luchar por las hembras durante la temporada de apareamiento. Una vez que esta termina, las astas se les caen y vuelven a crecerles al año siguiente. El reno es la única especie de ciervo cuyas hembras también tienen astas; las usan para defender áreas de alimento en invierno.

Los alces tienen una **nariz** y unos **labios** enormes. Con estos pueden agarrar alimentos, y cuando se alimentan de plantas bajo el agua pueden cerrar las fosas nasales.

TODO SOBRE LOS CUERNOS Y LAS ASTAS

La vida en la naturaleza es dura: todo puede convertirse en una batalla, razón por la cual muchos animales han desarrollado armas. A diferencia de las astas de los ciervos, que siempre son de hueso y se caen todos los años, los cuernos pueden estar hechos de diferentes materiales y, por lo general, son permanentes y duran toda la vida.

KUDÚ MAYOR

Muchos antílopes, incluido el kudú, poseen unos cuernos enormes para **luchar** por las parejas. Tienen hueso en el interior, cubierto por el mismo material del que están hechos nuestro pelo y uñas.

Tragelaphus strepsiceros

BERRENDO

Estos mamíferos americanos tienen unos cuernos inusuales, con **núcleos óseos** permanentes, como los cuernos de los antílopes, pero las capas ramificadas se desprenden y vuelven a crecer cada año.

COAHUILACERATOPS

Este dinosaurio mexicano está relacionado con el famoso **Triceratops** y puede haber sido el dinosaurio con los cuernos más grandes de la historia, de más de un metro de largo.

Rhinoplax vigil

CÁLAO DE YELMO

Esta ave tiene un **«casco»** sólido de marfil en la cabeza, con el que choca en el aire cuando pelea con otra por árboles frutales.

Ceratotherium simum

RINOCERONTE BLANCO

Los cuernos de los rinocerontes pueden alcanzar casi un metro de largo, pero no tienen hueso, ya que crecen desde la **piel** y no desde el cráneo.

ADAPTACIÓN

CUERNOS QUE NO HIEREN

Los animales pueden herirse cuando luchan por las parejas o el alimento, pero sus armas rara vez se usan para matar. La mayoría de las astas y los cuernos, como las del ciervo común en la imagen, están diseñadas para encajar entre sí sin causar lesiones graves.

De hecho, la mayoría de las **luchas** ni siquiera implican una verdadera pelea: después de evaluarse mutuamente, el animal con las armas más pequeñas suele retroceder.

CURIOSIDADES DEL MUNDO

Los rinocerontes están entre los primeros animales que dibujaron los humanos: aparecen en representaciones artísticas de hace **30 000 años** encontradas en Namibia y en Francia.

El Festival del Cálao en India reúne a todas las tribus de Nagaland y se denomina así por el **cálao bicorne**.

En inglés, el alce americano se llama *moose*, una palabra que proviene del idioma algonquino de América del Norte y significa **comedor de ramas**.

En Yorkshire, Inglaterra, se han encontrado numerosos **tocados** tallados hace más de 10 000 años hechos con cráneos de ciervos comunes con astas. Estos podrían haberse usado como camuflaje para cazar ciervos o como parte de trajes rituales.

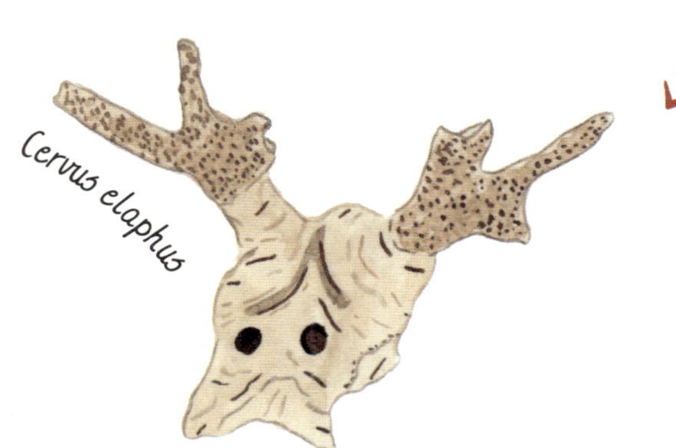

EL HÉROE de ATRAPAR PECES CON EL HOCICO:

el DELFÍN COMÚN

Muchos depredadores dependen de la ingesta de peces, y podemos observar en ellos las mismas adaptaciones evolutivas en diferentes familias animales para atrapar a sus escurridizas y a menudo resbaladizas presas sin que puedan escapar.

DELFÍN COMÚN
DELPHINUS DELPHIS

Los delfines tienen hocicos largos y estrechos llenos de dientes simples, curvados y puntiagudos, que son perfectos para atrapar peces que se mueven rápido en el agua. Sus dientes, con forma de conos ligeramente doblados, encajan entre sí para asegurarse de que sus presas no puedan escapar una vez capturadas.

¿DÓNDE VIVEN?

Los delfines comunes no son muy exigentes con los peces pequeños que comen (también ingieren calamares), por lo que pueden encontrar comida en muchos lugares. Viven en grandes grupos, tanto en aguas frías como tropicales de los océanos Atlántico, Pacífico e Índico.

Los delfines comunes pueden sumergirse a profundidades de más de 200 metros, pero, al ser mamíferos, deben regresar a la superficie para **respirar**.

Debido a su simplicidad, los dientes de los delfines comunes son eficaces para **atrapar alimentos**, pero no para masticarlos, por lo que engullen los peces enteros.

Los delfines comunes pueden tener hasta 240 dientes, que **encajan perfectamente** al cerrar la boca. A diferencia de la mayoría de mamíferos, todos sus dientes tienen la misma forma.

ALIMENTÁNDOSE EN GRUPO

Los delfines comunes pueden encontrarse en grupos (llamados manadas) de cientos o incluso miles de individuos. Trabajan juntos para facilitar la caza: acorralan a los peces en grupos compactos esféricos o los empujan en grandes cantidades hacia la superficie y luego se turnan para nadar y atraparlos a bocados.

TODO SOBRE LOS HOCICOS «ATRAPAPECES»

Los peces son fáciles de encontrar y ricos en energía, por lo que las mismas adaptaciones que vemos en los delfines para atraparlos también han evolucionado en otras familias animales a lo largo de millones de años. Los animales que viven cerca del agua, tienen un hocico estrecho y dientes simples diseñados para agarrar, es muy probable que se alimenten de peces.

ICTIOSAURIO
Los **extintos** ictiosaurios eran reptiles nadadores y comedores de peces de la época de los dinosaurios, pero su apariencia era muy similar a la de los delfines.

Gavialis gangeticus

GAVIAL
Estos enormes y estilizados parientes de los cocodrilos, en **peligro de extinción**, se alimentan de peces en los ríos de India, Nepal y Bangladés.

ADAPTACIÓN

CARAS RÁPIDAS
Los dientes de los cazadores de peces encajan firmemente para sujetar bien a su presa. Además, tienen el hocico muy delgado, ya que las formas finas se mueven mucho más fácilmente a través del agua que las formas anchas. Por eso sus hocicos estrechos les permiten **movimientos** más rápidos cuando capturan peces.

CURIOSIDADES DEL MUNDO

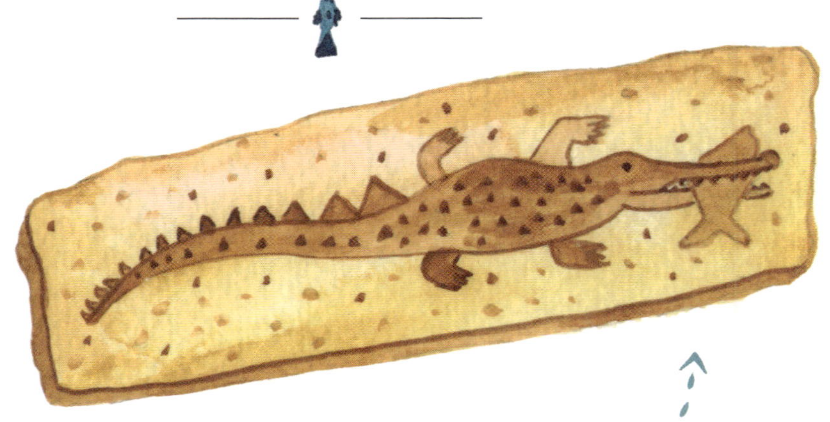

Las personas que convivieron junto a los **gaviales** desde tiempos antiguos les concedían gran importancia.

BARYONYX

Este enorme **dinosaurio** europeo que se alimentaba de peces tenía el hocico y los dientes muy similares a los de un gavial.

PEJELAGARTO NARIGUDO

Las mandíbulas largas y delgadas de este pez norteamericano, llenas de dientes, están perfectamente adaptadas para **atrapar** otros peces.

SERRETA MEDIANA

Las aves no tienen dientes, pero la evolución de estos ánsares les ha provisto de **bordes en forma de sierra** en sus estrechos picos, que les ayudan a sujetar los peces.

En **Mohenjo-Daro**, ciudad del Valle del Indo, se fabricaban gaviales de arcilla hace más de 4000 años.

Los gaviales macho tienen un bulto en forma de olla alrededor de la nariz para atraer a las hembras; por eso en inglés se llaman ***gharials***, palabra que deriva del término hindi ***ghara***, que es una vasija.

Algunas creencias nativas sobre los poderes místicos de estos bultos han motivado su caza, pero si están en peligro de extinción es principalmente a causa de la **pérdida de su hábitat**.

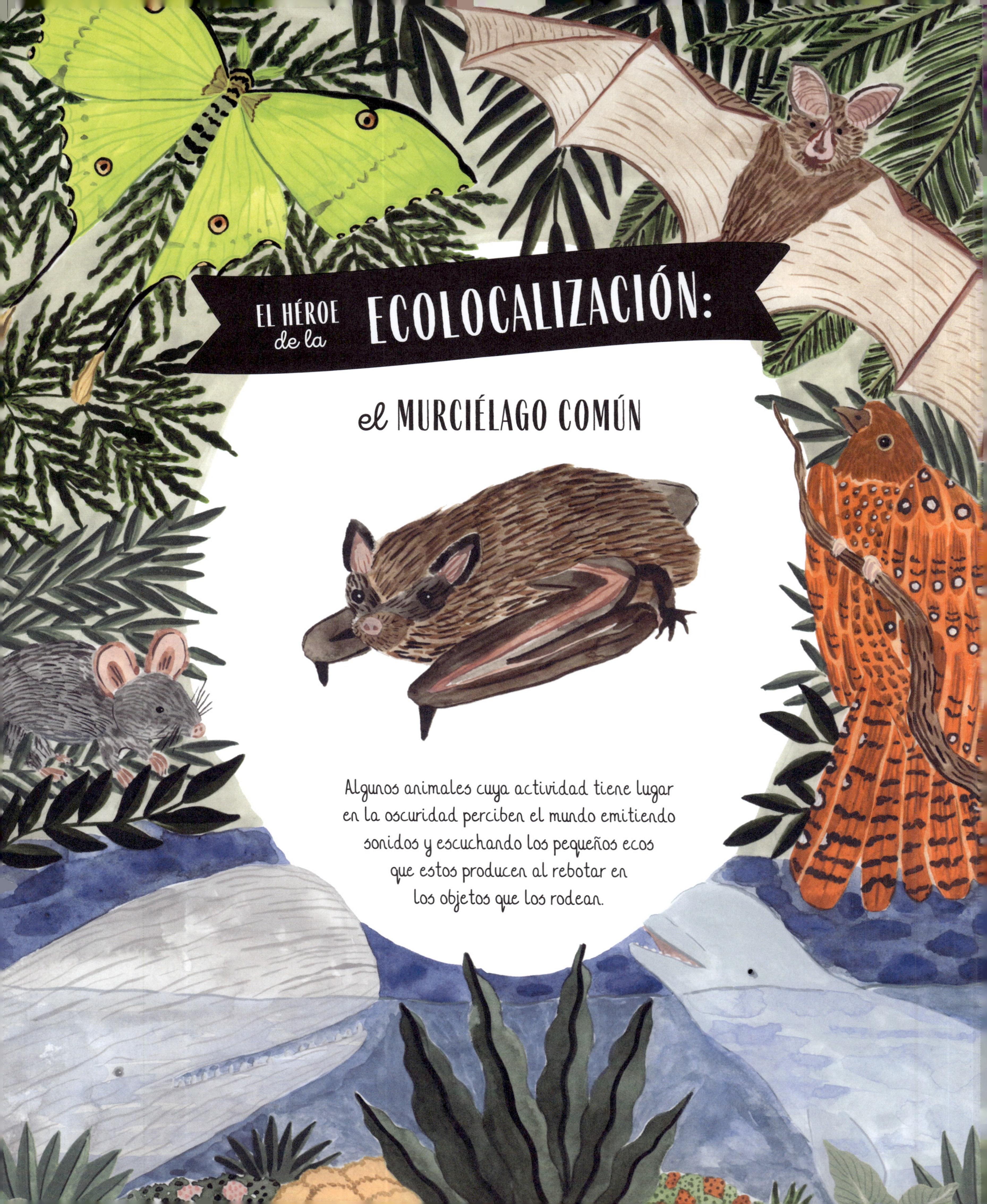

EL HÉROE de la ECOLOCALIZACIÓN:

el MURCIÉLAGO COMÚN

Algunos animales cuya actividad tiene lugar en la oscuridad perciben el mundo emitiendo sonidos y escuchando los pequeños ecos que estos producen al rebotar en los objetos que los rodean.

MURCIÉLAGO COMÚN
PIPISTRELLUS PIPISTRELLUS

Los murciélagos son los maestros de la ecolocalización: la habilidad de orientarse o encontrar otros animales al hacer rebotar sonidos en su entorno. También usan este método otros animales que cazan de noche o que viven en cuevas profundas o incluso bajo el agua, donde hay poca luz.

¿DÓNDE VIVEN?

Aunque son muy pequeños, los del género *pipistrellus* son los murciélagos más fáciles de observar en gran parte de Europa (incluido el Reino Unido) y en zonas de Asia y el norte de África. A menudo duermen en edificios y cazan alrededor de las farolas, atrapando insectos que vuelan cerca de la luz. También pueden encontrarse en muchos otros hábitats, como bosques y humedales.

Un *pipistrellus* puede pesar menos que una hoja de **papel**: son más de 300 veces más ligeros que los murciélagos más grandes.

Pulgares inclinados hacia delante, útiles para trepar

Alas formadas por piel estirada

Para obtener la imagen más precisa de dónde está su presa, los murciélagos pueden emitir hasta **200 pulsos** por segundo mientras cazan.

La mayoría de los adultos no son capaces de oír los sonidos de los murciélagos, pero el oído de los niños sí puede detectar los **agudos** que emiten mientras cazan.

UN ROSTRO DISEÑADO PARA OÍR

Para la ecolocalización, los murciélagos emiten sonidos en frecuencias muy altas y oyen sus ecos con sus enormes orejas mientras vuelan. Esto les permite detectar objetos a su alrededor y encontrar presas a gran velocidad. Algunos murciélagos, como los de herradura (*Rhinolophidae*), emiten sus pulsos por la nariz, que está plegada en formas extrañas para ayudarlos a dirigir los sonidos en una dirección específica.

TODO SOBRE LA ECOLOCALIZACIÓN

Que los murciélagos puedan volar deprisa y cazar insectos en la oscuridad sin chocar con nada es, quizá, el uso más impresionante de la ecolocalización. Sin embargo, otros grupos de animales también han desarrollado esta habilidad para usarla en hábitats completamente diferentes, desde los oscuros océanos profundos hasta el sombrío suelo del bosque.

Steatornis caripensis

GUÁCHARO

La ecolocalización es muy rara en las aves, pero esta especie sudamericana la usa para volar por las **oscuras cuevas** donde anida.

CACHALOTE

Los cachalotes y los delfines usan la ecolocalización para encontrar alimento en los vastos océanos. Los primeros producen con su nariz un **sonido más fuerte** que el de cualquier otro animal en la Tierra.

Physeter macrocephalus

MUSARAÑA COMÚN

Estos diminutos y gritones mamíferos usan la ecolocalización para **moverse** de manera segura entre las rocas y plantas, tanto en el suelo como en cuevas oscuras.

CURIOSIDADES DEL MUNDO

Los **murciélagos** viven en casi todo el mundo, por lo que las personas siempre han compartido hábitat con ellos. Tienen gran importancia en diversas culturas.

Los murciélagos ayudan a los agricultores cazando **insectos** que dañan los cultivos. Por ello muchos campesinos construyen cajas-nido para atraer a más murciélagos.

LIRÓN PIGMEO VIETNAMITA
Aunque estos pequeños roedores son casi **ciegos**, pueden trepar por los árboles emitiendo sonidos y oyendo su reflejo.

TENREC RAYADO DE TIERRAS BAJAS
Estos mamíferos espinosos de Madagascar **chasquean** la lengua para usar la ecolocalización y orientarse en la selva tropical durante la noche.

ADAPTACIÓN

ESCAPAR DE LOS ECOS
Aunque los murciélagos cazan utilizando la ecolocalización, algunos insectos han logrado desarrollar maneras de engañarlos. Las mariposas luna africanas tienen unas grandes alas con largas colas que hacen ondear al volar. Esto cambia la forma en que los pulsos del murciélago rebotan en ellas, los confunde cuando reciben el eco y dificulta la localización de la polilla.

Los murciélagos están representados en las pinturas rupestres creadas por algunos de los primeros humanos que llegaron a Sudamérica hace aproximadamente **13 000 años**. Estas pinturas han sobrevivido hasta hoy.

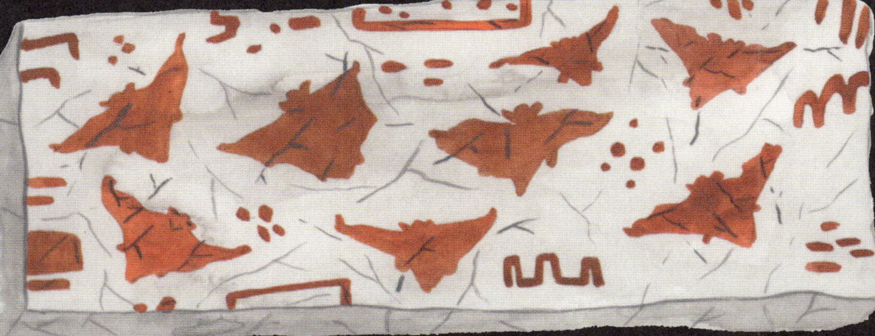

En China los murciélagos simbolizan la buena fortuna y su presencia en el arte es frecuente. Las palabras chinas para decir murciélago y buena suerte —***Fu***— suenan igual.

EL HÉROE del CONTRASOMBREADO:
el PINGÜINO JUANITO
Los animales desarrollan a menudo técnicas de camuflaje para mezclarse con su entorno. Pero ¿qué pasa si este se ve completamente diferente desde arriba o desde abajo? Un colorido contrasombreado puede resolver el problema.

PINGÜINO JUANITO
PYGOSCELIS PAPUA

En el mar, muchas especies tienen el lomo oscuro y el vientre blanco. Este contrasombreado significa que, si los miras desde arriba, sus lomos se camuflan con el oscuro y profundo océano que hay debajo. Pero, si los miras desde abajo, sus vientres claros se mezclan con el brillo del cielo que hay arriba.

¿DÓNDE VIVEN?

Los pingüinos juanito cazan en los mares alrededor de la Antártida, Chile y Argentina, donde atrapan peces, calamares y camarones en aguas poco profundas, cerca de la costa.

Grandes poblaciones anidan entre la hierba o en las playas pedregosas de las islas Malvinas, Georgia del Sur y la península Antártica.

Vista desde arriba

Los pingüinos no pueden volar en el aire, pero los músculos de sus alas son muy fuertes: las **baten** mientras nadan, «volando» bajo el agua.

Vista desde abajo

Los pingüinos juanito construyen nidos con rocas y regalan **piedras** a sus parejas como muestra de afecto. A veces se acercan sigilosamente para robar piedras de los nidos de otros pingüinos.

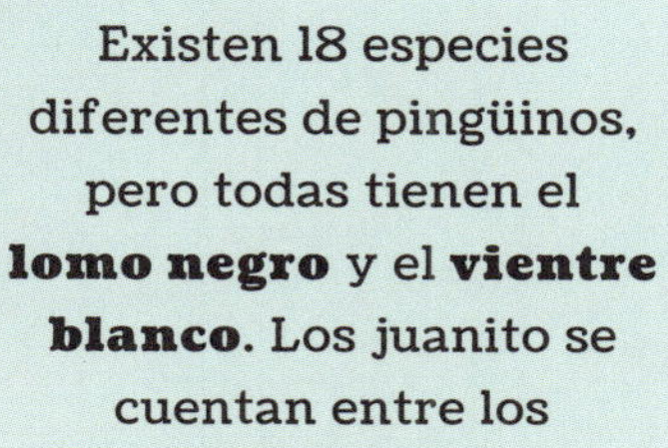

Existen 18 especies diferentes de pingüinos, pero todas tienen el **lomo negro** y el **vientre blanco**. Los juanito se cuentan entre los más grandes.

AHORA ME VES, AHORA NO

Fuera del agua, los pingüinos adultos están bastante a salvo de los depredadores, por lo que no necesitan esconderse: no importa si sus lomos negros destacan contra la nieve. En cambio, en el **mar** deben camuflarse para evitar las enormes focas que los cazan y para que sus propias presas no los detecten.

TODO SOBRE EL CONTRASOMBREADO

Cuando estás bajo el agua, los depredadores y las presas pueden venir desde arriba o desde abajo. El contrasombreado es una adaptación tan poderosa para ocultarse en el agua que muchos animales nadadores han evolucionado con lomos oscuros y vientres claros. Pero también funciona en tierra, ya que ayuda a ocultar las sombras de los animales.

ALCA GIGANTE

Estas aves evolucionaron para hacer lo mismo que los pingüinos, pero vivían en el **Atlántico Norte**. Se parecían y comportaban como los pingüinos, pero no estaban estrechamente relacionadas con ellos. Fueron cazadas hasta su extinción en la década de 1840.

ORCA (BALLENA ASESINA)

Las orcas no tienen depredadores naturales, pero utilizan el contrasombreado para **esconderse** de sus presas.

BAGRE INVERTIDO

Los colores de este pez africano son opuestos: tiene el vientre oscuro y el lomo claro. Esto se debe a que se alimenta boca arriba en la **superficie**.

PEZ HACHA PRECIOSO

En aguas profundas, los depredadores buscan las siluetas oscuras de las presas contra la tenue luz desde arriba, pero los peces hacha producen su **propia luz** en el vientre como camuflaje.

GACELA SUARA

El contrasombreado no solo funciona en el agua, también ayuda en **tierra**. Como numerosos mamíferos terrestres, estos antílopes tienen el lomo oscuro y el vientre claro.

CURIOSIDADES DEL MUNDO

En Australia, los thaua y las orcas trabajaban juntos para **cazar** ballenas. Las orcas perseguían una ballena hasta una bahía, donde los thaua la atrapaban y luego compartían la carne con ellas.

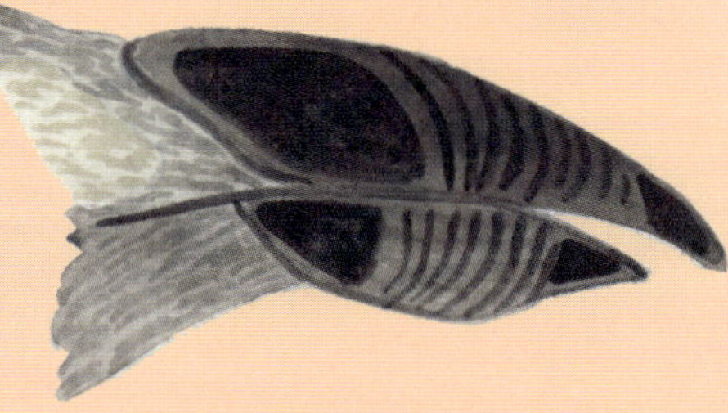

En la tumba de alguien que falleció hace 4000 años en **Terranova**, Canadá, se encontraron más de 150 picos de alca gigante. Se cree que formaban parte del manto con que enterraron a la persona.

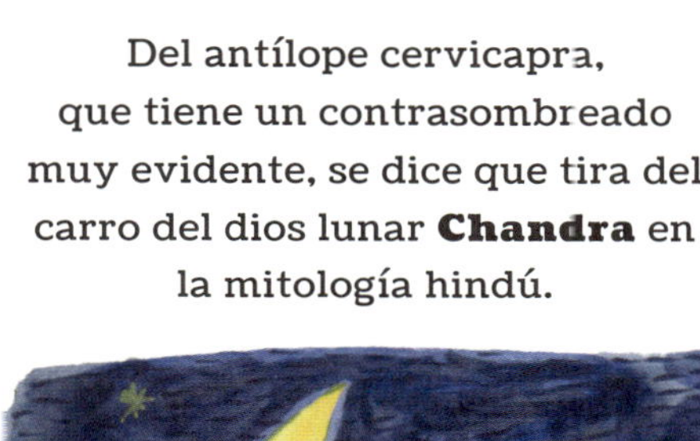

Del antílope cervicapra, que tiene un contrasombreado muy evidente, se dice que tira del carro del dios lunar **Chandra** en la mitología hindú.

La palabra pingüino fue en realidad el nombre original del alca gigante. Podría provenir del galés *pen gwyn* (**cabeza blanca**).

ADAPTACIÓN

OCULTANDO SOMBRAS

Un buen camuflaje los oculta en su entorno, pero la luz brillante del sol puede hacer que las partes superiores de los animales brillen y crearles **sombras** visibles en el vientre. El contrasombreado soluciona este problema: los ciervos, las ardillas, los zorros y los tigres tienen las partes que miran hacia arriba oscuras para reducir el brillo y las partes inferiores claras para reducir las sombras.

Vulpes vulpes

EL HÉROE de COMER HORMIGAS CON EL HOCICO:

el OSO HORMIGUERO GIGANTE

Una hormiga no es mucho alimento, pero donde hay una suele haber millones. Los animales que han evolucionado para atrapar hormigas -con lenguas largas y pegajosas y caras con forma de tubo- siempre encuentran comida.

OSO HORMIGUERO GIGANTE
MYRMECOPHAGA TRIDACTYLA

Las hormigas y las termitas son insectos pequeños que viven en todo el mundo; a menudo construyen grandes nidos que albergan enormes colonias. Especies como los osos hormigueros han evolucionado para alimentarse de ellas, devorando individuos adultos, huevos y larvas con sus hocicos perfectamente adaptados.

¿DÓNDE VIVEN?

Los osos hormigueros gigantes, junto con sus parientes, los osos hormigueros sedosos y los tamanduás, viven en América del Sur y Central.

Como las hormigas y las termitas viven en muchos hábitats diferentes (selvas tropicales, pantanos, bosques, pastizales), los osos hormigueros gigantes también lo hacen.

Pueden extender la **lengua** hasta 60 centímetros fuera de la boca y moverla 150 veces por minuto. Son capaces de tragar rápidamente miles de insectos.

El **hocico** de los osos hormigueros es muy largo, pero la boca, situada en la punta, es muy pequeña. Y no tienen dientes.

Cola peluda y fuerte

Termitas

Lengua larga y pegajosa

Los osos hormigueros tienen enormes y **tupidas colas** que usan como mantas para dormir y como apoyo cuando se levantan sobre las patas traseras para defenderse de los depredadores.

LAS HORMIGAS CONTRAATACAN

Muchas hormigas muerden, tienen aguijones en la cola o rocían sustancias químicas desagradables. Algunas especies tienen «soldados» que defienden sus nidos, provistos de mandíbulas más grandes y aguijones más potentes. Los osos hormigueros deben actuar rápido en cada nido, antes de que aparezcan los soldados. Su piel gruesa y su pelaje los ayudan a protegerse de las hormigas.

TODO SOBRE COMER HORMIGAS CON EL HOCICO

Las hormigas se encuentran casi en todas partes, y los animales han evolucionado para comerlas en cada continente (excepto en la Antártida, donde no hay). Las mismas adaptaciones han surgido en diferentes familias: un hocico largo para llegar al nido y aspirar insectos, una lengua pegajosa y flexible, y unos dientes simples o inexistentes.

AARDVARK

Estos animales africanos son los mamíferos excavadores más grandes del mundo. Sus **enormes orejas** les ayudan a oír a los depredadores mientras están comiendo hormigas.

Orycteropus afer

EQUIDNA DE HOCICO CORTO

Como sus hocicos son tan similares, los científicos pensaban que los equidnas australianos estaban estrechamente relacionados con los osos hormigueros. Sin embargo, en realidad lo están con los **ornitorrincos**.

ADAPTACIÓN

GARRAS ASOMBROSAS

Las hormigas y las termitas pueden construir enormes nidos con barro endurecido y saliva, o de madera. Muchos animales que comen hormigas tienen unas garras impresionantes y unas fuertes patas delanteras para excavar los nidos y conseguir comida. Las garras del oso hormiguero gigante son tan largas que le obligan a caminar sobre los **nudillos** para que no se claven en el suelo.

CURIOSIDADES DEL MUNDO

En Brasil se dice que cruzarse con un oso hormiguero gigante trae **mala suerte**.

Manis pentadactyla

PANGOLÍN CHINO

Los pangolines son mamíferos escamosos de Asia y África. Sus **lenguas** tienen casi la misma longitud que sus cuerpos.

NUMBAT

Los numbats son marsupiales australianos. Sus lenguas largas y pegajosas les ayudan a atrapar hasta **20 000 termitas** al día.

CARPINTERO ESCAPULARIO

Estas aves norteamericanas son miembros de la familia de los **pájaros carpinteros**, pero en lugar de picotear madera arrancan hormigas y otros insectos del césped con sus largas lenguas.

Los equidnas han aparecido en el **arte** de toda Australia durante miles de años, incluyendo grabados profundos en roca sólida.

En afrikáans, *aardvark* significa **cerdo de tierra**, debido a sus habilidades para excavar y porque la punta de la nariz es parecida a la de un cerdo.

En diferentes partes de África, los pangolines son considerados portadores de **buena fortuna**, mientras que dañarlos puede traer mala suerte.

EL HÉROE de los PIES QUE REMAN:

el ORNITORRINCO

Las membranas entre los dedos son adaptaciones excelentes que permiten a los animales convertir sus pies en remos. Al ser grandes y planos empujan con fuerza contra el agua y hacen de estos animales unos potentes nadadores.

ORNITORRINCO
ORNITHORHYNCHUS ANATINUS

Muchos animales se desplazan andando por tierra o nadando en el agua, por lo que necesitan patas que les permitan hacer ambas cosas. Los ornitorrincos son maestros en esto. Para ello tienen grandes membranas de piel en las patas delanteras que se extienden más allá de sus largas garras.

¿DÓNDE VIVEN?

Los ornitorrincos necesitan cazar en el agua, por lo que estos mamíferos no pueden vivir en las partes más secas de Australia, pero se encuentran a lo largo de todo el borde oriental del país y en la isla de Tasmania. Esto significa que pueden sobrevivir tanto en los cálidos bosques tropicales del norte como en los fríos lagos de montaña del sur.

En lugar de dientes, en los picos tienen **crestas córneas** para triturar la comida.

Aunque solo miden unos 40 centímetros de largo, las hembras pueden cavar **madrigueras** de más de 9 metros para hacer sus nidos, en los que ponen sus huevos.

DISTINTAS PATAS PARA DIFERENTES TAREAS

Los ornitorrincos nadan con las patas delanteras palmeadas y usan las traseras para otras tareas: con ellas pueden alcanzar todo su cuerpo y cepillar su grueso pelaje, lo cual es crucial para mantenerse calientes en agua fría. Y al cavar sus madrigueras, las patas traseras se fijan en el suelo para poder empujar con fuerza con las delanteras.

Los ornitorrincos atrapan gusanos, cangrejos de río e insectos bajo el agua con los ojos y los oídos cerrados, ya que pueden detectar la **electricidad** generada por los músculos de sus presas.

TODO SOBRE LOS PIES QUE REMAN

Los pies palmeados son tan útiles para nadar que han evolucionado muchas veces en aves, mamíferos, anfibios y reptiles. Pero unos pies grandes y palmeados pueden hacer difícil caminar. Las especies que pasan más tiempo en el agua suelen tener pies con una forma más de pala en comparación con las que andan mucho.

RANA BERMEJA

Estos anfibios tienen unos **dedos extralargos** al final de sus poderosas patas, lo que hace que sus pies palmeados sean aún más grandes.

LEÓN MARINO DE CALIFORNIA

A diferencia de las focas, que nadan con las patas traseras, los leones marinos lo hacen usando principalmente sus enormes **aletas delanteras** palmeadas.

PORRÓN MOÑUDO

Tiene las patas muy hacia atrás en el cuerpo, lo que le ayuda a **sumergirse** en busca de comida bajo el agua, pero perjudica su equilibrio al caminar en tierra.

Aythya fuligula

TORTUGA BOBA

Las tortugas marinas solo salen a tierra para poner huevos. Sus patas delanteras y traseras han evolucionado en **largas palas**, ideales para nadar, pero no para caminar.

SOMORMUJO LAVANCO

En lugar de membranas unidas, estas aves acuáticas tienen **pliegues extra de piel** alrededor de cada dedo que les ayudan a nadar.

Podiceps cristatus

ADAPTACIÓN

PIES TRANSFORMADORES

¡Los pies del ornitorrinco son increíbles! Son herramientas que sirven para distintas actividades. En el agua, sus membranas se despliegan para formar enormes palas de natación. En tierra, los ornitorrincos protegen sus suaves membranas plegándolas en los puños y caminan sobre los nudillos. Y cuando construyen sus largos túneles, las membranas se retraen para dar paso a unas largas garras excavadoras.

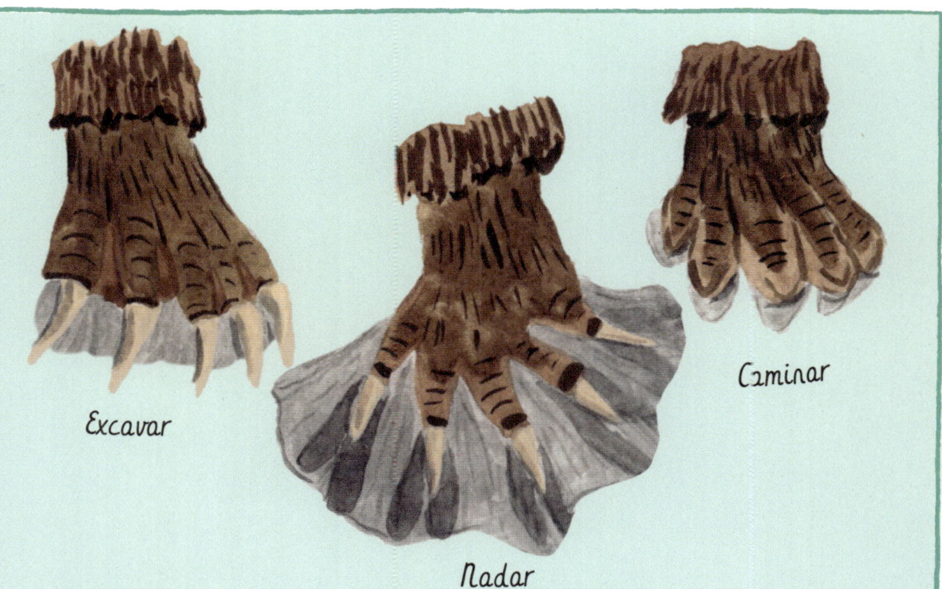

CURIOSIDADES DEL MUNDO

En leyendas hindúes y de algunos pueblos nativos americanos, el mundo se sostiene sobre el lomo de una tortuga gigante, y la **mitología** china dice que las patas de las tortugas sostienen el cielo.

Normalmente no se ven mamíferos enormes en el centro de una ciudad, pero los **leones marinos de California** conviven con los turistas en los muelles de San Francisco (EE. UU.).

La **lamia** es una criatura mítica del País Vasco, en España y Francia, con el cuerpo de una hermosa mujer y los pies de un pato.

EL HÉROE de AGUJEREAR LA MADERA:

el AYEAYE

Muchos insectos viven dentro de la madera, construyendo túneles que los mantienen a salvo de la mayoría de los depredadores, pero no de todos: algunas aves y mamíferos han desarrollado impresionantes adaptaciones para atrapar a estos insectos escondidos.

AYEAYE
DAUBENTONIA MADAGASCARIENSIS

Se necesitan tres trucos para atrapar a estos insectos en sus hogares de madera: oír exactamente dónde se esconden, agujerear la sólida corteza del árbol y sacar a la presa de sus túneles. Los ayeaye son primates con potentes adaptaciones para hacer las tres cosas.

¿DÓNDE VIVEN?

Los ayeaye son un tipo de lémures de Madagascar en peligro de extinción que salen de noche a alimentarse de insectos, frutas y semillas.

Madagascar es una enorme isla al este del continente africano que alberga más de 100 especies de lémures, un grupo de primates relacionados con los monos.

Utilizan sus grandes **dientes** frontales, curvados hacia adelante y que nunca dejan de crecer, para cortar la madera y llegar a las madrigueras de los insectos.

Grandes orejas para oír a los insectos ocultos

El **dedo medio** de un ayeaye es extremadamente largo y delgado, perfectamente diseñado para sacar a sus presas de los estrechos túneles.

Dedo medio largo y delgado

¿HURGÁNDOSE LA NARIZ?

Las adaptaciones que ayudan a los ayeaye a cazar insectos dentro de la madera también son útiles para otras tareas. Los poderosos dientes frontales les permiten romper sus nueces favoritas, y los científicos descubrieron recientemente que pueden usar su dedo extralargo para hurgarse la nariz hasta lo más profundo y comerse los mocos. (¡No lo intentes en casa!).

Para encontrar insectos, los ayeaye **golpean** la madera y con ayuda de sus enormes orejas detectan los espacios huecos en su interior.

TODO SOBRE AGUJEREAR LA MADERA

Los pájaros carpinteros son un gran grupo de aves que se encuentran en muchas partes del mundo y han evolucionado para capturar larvas de insectos escondidas en la madera. Sin embargo, en países donde estas aves en particular no existen, como Madagascar, Australia y Nueva Zelanda, otros animales han evolucionado para hacer lo mismo.

Dactylopsila trivirgata

FALANGERO LISTADO

Estos hermosos marsupiales evolucionaron en Australia y Nueva Guinea para hacer exactamente lo mismo que los ayeaye en Madagascar: agujerear la madera con sus fuertes **dientes** y ensartar insectos con un largo dedo.

PICO PICAPINOS

Los pájaros carpinteros tienen un **cráneo** y un pico especiales que resisten el impacto de golpear un árbol para llegar a los insectos. Además, poseen una lengua pegajosa tan larga que se les enrolla alrededor del cerebro.

Dendrocopos major

AKIAPOLAAU

Estas aves hawaianas usan su fuerte mandíbula inferior para **golpear** y picotear la madera, y luego extraen los insectos con la estrecha y curvada mandíbula superior.

Hemignathus wilsoni

CURIOSIDADES DEL MUNDO

Varias creencias de **Madagascar** conceden gran importancia a los ayeaye, probablemente porque tienen una apariencia inusual, con sus ojos anaranjados, orejas gigantes, dedos delgados y cabello desgreñado.

Algunas personas piensan que ver un ayeaye es un signo de que sucederán **cosas terribles**.

PINZÓN CARPINTERO

La lengua de este pequeño pájaro de las islas Galápagos es muy corta para atrapar insectos dentro de la madera. En su lugar, ha evolucionado y usa **palitos** para sacar a sus presas.

HUIA

Los machos de estas aves extintas de Nueva Zelanda tenían el pico como un **hacha** para dejar al descubierto el interior de la madera, mientras que las hembras tenían picos delgados y curvados para sacar los insectos de sus túneles.

ADAPTACIÓN

PITO CRESTADO

Podrías pensar que cuando un pájaro carpintero golpea un árbol con la cabeza se lastima el cerebro, pero tiene el cráneo especialmente adaptado para evitarlo. El hueso es fuerte pero ligeramente esponjoso para actuar como un cojín, y los músculos y articulaciones dirigen la mayor parte de la fuerza a través del cuerpo en lugar de hacia el cerebro.

Sin embargo, no todo el mundo piensa igual: en algunos pueblos de Madagascar, las personas **protegen a los ayeaye** porque se comen los insectos que dañan los cultivos de los que ellos viven.

En la cultura **maorí** el huia es sagrado. Antiguamente, las personas importantes vestían plumas negras con puntas blancas.

EL HÉROE de los TRUCOS Y LAS TRAMPAS:

el DIABLO NEGRO

La mayoría de los depredadores salen a cazar sus presas, pero algunos tienen una táctica astuta y diferente: se ocultan, esperan y usan una parte del cuerpo para engañarlas, atraerlas y finalmente devorarlas.

DIABLO NEGRO
MELANOCETUS JOHNSONII

Cuando las personas van a pescar, usan carnada para atraer a los peces. Algunos animales hacen lo mismo, pero han transformado una parte de su propio cuerpo en la carnada, lo que se llama un señuelo. Los señuelos de los diablos negros son como una pequeña «caña de pescar» en la cabeza.

¿DÓNDE VIVEN?

Los diablos negros (también llamados melanocetos) viven en los océanos del mundo, en aguas muy profundas, a más de 2100 metros por debajo de la superficie. Allí reina la negrura y no abunda la comida. La mayoría de los peces de aguas profundas necesitan trucos especiales para encontrar comida, pero los diablos se aseguran de que la comida los encuentre a ellos.

En el morro tienen una delgada vara con una pequeña bolsa en la punta llena de **bacterias** que generan su propia luz.

En la oscuridad, otros animales se sienten atraídos por esta **luz**, que actúa como un señuelo para que se acerquen, y luego el diablo se los come.

El diablo negro tiene una **boca** enorme, llena de largos dientes, y su estómago es tan elástico que puede tragar peces incluso más grandes que él.

PECES PESCADORES HEMBRAS

En algunos *Lophiiformes* (el grupo del diablo negro), solo las hembras tienen una «caña de pescar» y son varias veces más grandes que los machos. Encontrar pareja en las oscuras profundidades del océano es difícil, por lo que en algunas especies, cuando el macho y la hembra se encuentran, el primero se adhiere permanentemente a la segunda, para que ella se encargue de la caza y los alimente a ambos.

TODO SOBRE LOS TRUCOS Y LAS TRAMPAS

Los diablos negros no son los únicos animales que engañan a sus presas para que se acerquen antes de atraparlas. Otras especies han evolucionado y creado señuelos increíbles para atraer cerca a sus víctimas, particularmente peces. Usan sus propios cuerpos como carnada. Algunos señuelos tienen una forma sorprendentemente similar a la de la comida de sus presas.

VÍBORA DE COLA ARAÑA

Se alimenta de aves engañadas, que confunden la cola de la serpiente con una **araña**: ¡imita la forma de un cuerpo y unas patas de arácnido!

TAPICERO BARBUDO

Estos tiburones permanecen perfectamente camuflados en el fondo del mar y mueven la **cola** para que parezca que hay un pez pequeño nadando. Cuando otros peces se acercan a explorar, el tiburón los atrapa.

GARZA NÍVEA

Estas aves permanecen de pie en aguas poco profundas y mueven la lengua en la superficie. Los peces la confunden con comida y se acercan a tomar el **cebo**, y entonces la garza se los come.

JAGUAR

Estos grandes felinos pescan con la cola: la mueven suavemente sobre el **agua** y atraen a las presas con el movimiento antes de devorarlas.

TORTUGA CAIMÁN

Estas tortugas tienen una lengua que parece un gusano. Abren la boca y mueven la **lengua** mientras esperan que un pez nade para atraparla, y entonces cierran las mandíbulas de golpe.

ADAPTACIÓN

PONER TRAMPAS

Para que estas trampas funcionen, los animales deben asegurarse de que sus presas se sientan atraídas por la carnada sin ver el resto de su cuerpo. Las tortugas caimán son unas maestras del camuflaje. Aunque son enormes (pesan más que una persona), sus colores fangosos y los caparazones rugosos les permiten esconderse en los lechos de los ríos.

CURIOSIDADES DEL MUNDO

El **rape**, de la misma familia que el diablo negro, vive a menos profundidad y se captura para venderlo como alimento. Pero la forma en que se pesca daña su hábitat en el fondo del mar.

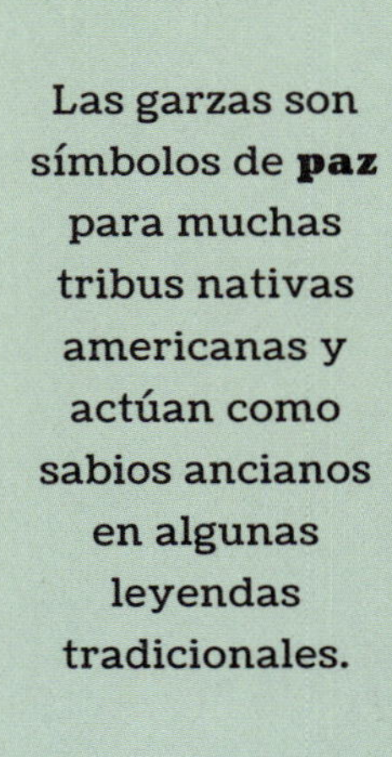

Las garzas son símbolos de **paz** para muchas tribus nativas americanas y actúan como sabios ancianos en algunas leyendas tradicionales.

La **tortuga serpentina** es el reptil oficial del estado de Nueva York.

EL HÉROE con ARMADURA:

el PANGOLÍN ARBORÍCOLA

Cuando están en peligro, algunos animales se esconden, otros corren, algunos usan veneno o toxinas y otros tienen armas. Pero algunos han evolucionado para proteger sus partes más blandas de los dientes y garras de los depredadores usando armaduras.

PANGOLÍN ARBORÍCOLA
PHATAGINUS TRICUSPIS

Tu piel es increíble: es impermeable, puede mantenerte caliente o enfriarte y puede sanar por sí misma. Es bastante resistente, pero no es dura... a diferencia de la piel del pangolín. Los pangolines han evolucionado para ser los únicos mamíferos con escamas.

¿DÓNDE VIVEN?

Los pangolines arborícolas son buenos trepadores y se alimentan de hormigas y termitas en los bosques del oeste y el centro de África.

Otras tres especies de pangolín también viven en África, y cuatro más en Asia. Lamentablemente, todas están en peligro de extinción: su armadura no los protege de los humanos.

Las grandes **garras** de los pangolines no solo les sirven para romper nidos de insectos, sino que también les resultan útiles para trepar a los árboles.

Las **escamas** de los pangolines crecen de su piel y están hechas del mismo material que nuestro pelo y uñas: una proteína llamada queratina.

Garras fuertes para trepar

¡ENRÓLLATE, ENRÓLLATE!

El cuerpo de los pangolines arborícolas está cubierto de grandes escamas, excepto en algunas partes del rostro, el vientre y el interior de las patas. Cuando están asustados, se enrollan formando una bola para proteger esas partes blandas, y las madres lo hacen alrededor de sus crías para mantenerlas a salvo. Normalmente, las crías viajan sobre la larga cola de la madre.

Su cola es como una mano extra

La larga **cola** del pangolín también es una adaptación para trepar: pueden usarla como una quinta pata para agarrarse a las ramas.

TODO SOBRE LAS ARMADURAS

Los insectos tienen un esqueleto duro en el exterior del cuerpo y carecen de huesos. Los vertebrados cuentan con un esqueleto óseo en el interior del cuerpo y la mayoría tiene coberturas blandas, pero en algunas familias también han evolucionado una capa dura. Esta armadura puede estar hecha de diferentes materiales.

ARMADILLO BRASILEÑO DE TRES BANDAS

Cuando estos mamíferos acorazados se enrollan, su cabeza triangular y su cola encajan perfectamente, formando una **bola**.

Tolypeutes tricinctus

Terrapene carolina

TORTUGA DE CAJA COMÚN

Estos reptiles americanos tienen una **bisagra** en el caparazón. Cuando retraen la cabeza y las patas, el caparazón se cierra como una caja.

ADAPTACIÓN

PIEL CON HUESO

Sabemos que la piel puede ser suave, viscosa, escamosa, con plumas o peluda, pero ¿sabías que también puede ser ósea? Animales como los armadillos, los cocodrilos y algunos dinosaurios desarrollaron protuberancias de hueso dentro de la piel. Este tipo de estructura se llama osteodermo (que significa piel de hueso) y demuestra que los huesos no siempre están en el interior.

Dasypus novemcinctus

CURIOSIDADES DEL MUNDO

En algunas **culturas africanas**, como la venda o la zulú, se cree que los pangolines descienden del cielo durante las lluvias y que, si se les daña, la lluvia cesará.

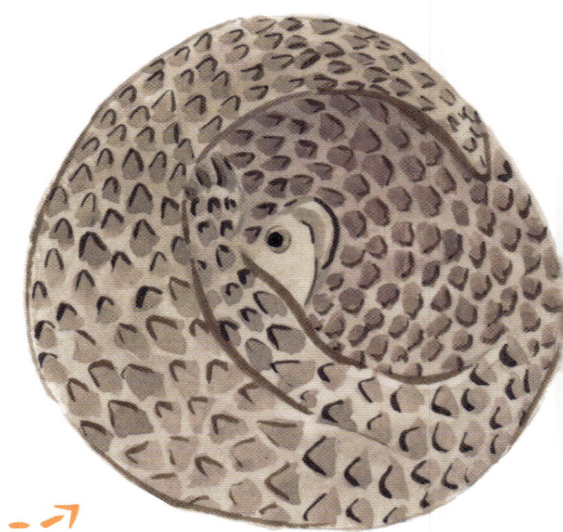

ANQUILOSAURIO

Las armaduras no solo son útiles para animales pequeños. Estos enormes dinosaurios herbívoros tenían **placas óseas** en la piel para protegerse de los depredadores.

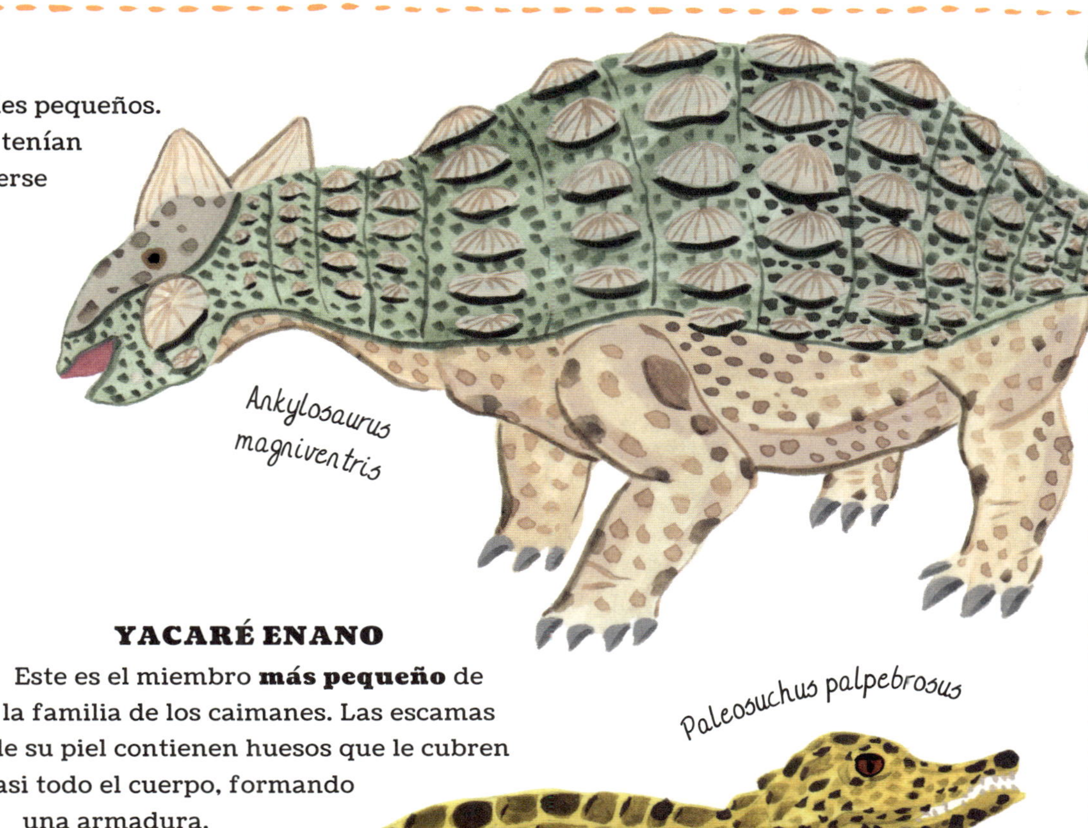

LACTORIA FORNASINI

Estos peces tienen escamas duras y acorazadas dispuestas en formas **hexagonales**, lo que convierte su cuerpo en una caja sólida. Debido a ello, no pueden nadar rápidamente.

YACARÉ ENANO

Este es el miembro **más pequeño** de la familia de los caimanes. Las escamas de su piel contienen huesos que le cubren casi todo el cuerpo, formando una armadura.

Paleosuchus palpebrosus

La palabra para armadillo en el idioma **náhuatl** es *ayotochtli*, que significa conejo tortuga, ya que tienen la cabeza como un conejo y el caparazón como una tortuga.

En **Brasil**, se cree que los dientes de caimán protegen contra las mordeduras de serpiente y a veces se colocan cráneos de caimán fuera de las casas para ahuyentar a los espíritus.

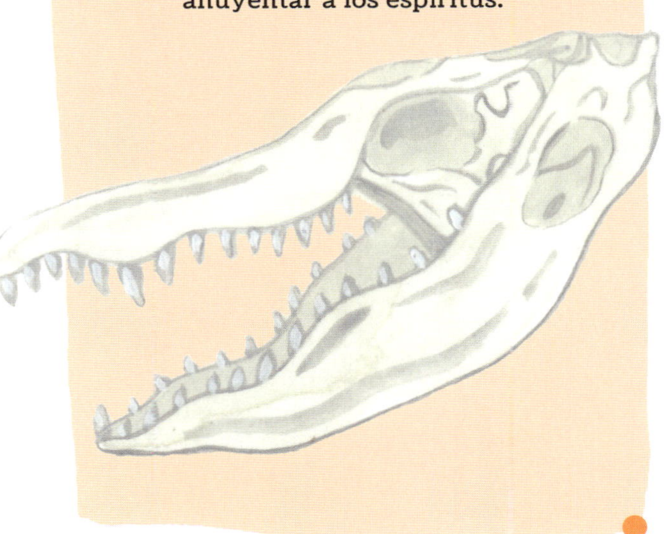

Los pangolines están en peligro de **extinción** porque son cazados por sus escamas, utilizadas en la medicina tradicional asiática.

GLOSARIO

ADAPTACIÓN: rasgos que los animales han desarrollado para adaptarse a su forma de vida.

ANFIBIOS: un grupo de vertebrados de piel húmeda que viven tanto en la tierra como en el agua, y ponen huevos sin cáscara.

AVES: grupo de vertebrados con plumas, la mayoría de los cuales pueden volar.

CAMUFLAJE: adaptaciones que ayudan a los animales a mezclarse con su entorno, como su color o forma.

CEBO: algo que atrae a un animal a acercarse, como una carnada.

DEPREDADORES: animales carnívoros que cazan otros animales.

EVOLUCIÓN CONVERGENTE: fenómeno por el que las mismas adaptaciones evolucionan de manera independiente en diferentes grupos.

LARVAS: etapas jóvenes de algunos animales, muy diferentes de su forma adulta.

MAMÍFEROS: vertebrados de sangre caliente que alimentan a sus crías con leche y tienen pelaje.

MARSUPIALES: mamíferos cuyas crías, muy pequeñas, viven un tiempo en una bolsa que tiene la madre en el vientre.

NOCTURNOS: animales cuya vida activa se desarrolla de noche.

PATAS PALMEADAS: patas con piel que crece entre los dedos formando una membrana que ayuda a los animales a nadar.

PLANEAR: volar sin batir las alas.

PRESAS: animales que son cazados por depredadores.

REPTILES: animales con piel escamosa, la mayoría de los cuales son de sangre fría y ponen huevos.

TERRITORIO: el área donde vive un animal, que protege con esfuerzo.

VENENO: sustancia tóxica que es inyectada a una víctima, o bien ingerida por esta.

VERTEBRADOS: animales con columna vertebral: peces, anfibios, aves, reptiles y mamíferos.

AGRADECIMIENTOS

Para mi sobrina -y editora- Sadie Newman. J.A.

A mis dos pequeños animales salvajes, Jaiah y Francis. S.B.M.

Texto de Jack Ashby
Ilustraciones de Sara Boccaccini Meadows

De la edición en español:
Traducción: Helena Aguilà Ruzola
Corrección: Miquel Arderiu
Composición y maquetación: Sara García Pérez
Coordinación de proyecto: Lakshmi Asensio Fernández
Dirección editorial: Elsa Vicente

Publicado por Dorling Kindersley Limited
DK, 20 Vauxhall Bridge Road, Londres, SW1V 2SA
Parte de Penguin Random House

Título original: *Wild*

© De la edición original: Magic Cat Publishing Ltd, 2025
© Traducción española: Dorling Kindersley Limited, 2025

Primera edición: septiembre 2025

Reservados todos los derechos.
Queda prohibida, salvo excepción prevista en la ley, cualquier forma de reproducción, distribución, comunicación pública y transformación de esta obra sin la autorización escrita de los titulares de la propiedad intelectual.

ISBN: 979-8-2171-3283-6

Impreso y encuadernado en China

www.dkespañol.com